PENSAMIENTOS DEL PASTOR POTTER

Ellis Potter

© ELLIS POTTER

Sin limitar los derechos de autor reservados aquí, no se permite la reproducción del contenido de este libro, ni total ni parcialmente, sin el previo permiso escrito del autor, excepto cuando la ley lo permita y con la excepción de citas incorporadas dentro de artículos de crítica y revisión. Tampoco se permite guardar o transmitir el contenido de este libro de forma electrónica mecánica o de copia. Para cualquier información, contacte: info@destineemedia.com

Todo cuidado se ha llevado a cabo en citar datos originales y derechos de autor en las citas mencionadas de este libro. En caso de que se encontrara algún error, el editor estará agradecido de recibir documentación escrita que corrija el error para poder ser rectificado en posteriores impresiones.

Publicado por: Destinée Media
www.destineemedia.com
Cubierta e interior por Istvan Szabo, Ifj
Formato por Istvan Szabo, Ifj
Traducido por: Noemi Read
Corregido por: Silvia Sanchez
Todos los derechos reservados por el autor.

ISBN: 978-1-938367-62-5

Índice de Capítulos

Introducción	8
Agradecimiento	10
Alabanza	11
Autenticidad	12
Autoridad	13
Batalla	14
Bendecir y maldecir	15
Conocer a Jesús	16
Confesión	17
Confianza	18
Confianza y seguridad	19
Cristianos a tiempo completo	20
Culpa y Esperanza	21
Día de la Ascensión	22
Dios es Amor	23
Dios es Verde	24
Dolores de crecimiento	25
Dones y Frutos	26
El arte	27
El Cielo en la Tierra	28
El día de la madre	29
El mal	30

El mínimo de fe 31
El pecado imperdonable 32
El programa predeterminado 33
El Reino de Dios 34
El testimonio del Bautismo 35
Enfoque 36
¡Escoge la vida! 37
Escondiéndonos de Dios 38
Especial y Corriente 39
Espiritual = Sobrenatural 40
Fuerte y Débil 41
Gloria 42
Guay 43
Guía 44
Gusto 45
Hablar de Dios 46
Humildad 47
Identidad 48
Independencia 49
Juicio 50
Justicia y misericordia 51
La apologética es amor 52
La muerte 53
La nube de Gloria 54

La sangre de Jesús	55
La seguridad de la salvación	56
La tristeza y el luto santo	57
La verdad y la misericordia	58
Las Bienaventuranzas Posmodernas	59
Leer la Biblia	60
Lenguaje I	61
Lenguaje 2	62
Libertad Total = Muerte	63
Líderes y seguidores	64
Lo que oímos y leemos los cristianos	65
Los 10 Mandamientos Posmodernos	66
Maldición generacional	68
Mansedumbre	69
Meditación	70
Naturalismo	71
Necesidad	72
Noticias y Propaganda	73
Nuestra corona de Gloria	74
Oración I	75
Oración II	76
Ora constantemente	77
Ora en el Nombre de Jesús	78
Orando en el Nombre de Jesús	79

Otros mandamientos 80
Parábola de la piel de plátano 81
Paz 82
Pecado 83
Pentecostés I 84
Pentecostés II 85
Perdón 86
Personal 87
Preocupación 88
Principios Bíblicos y aplicaciones 89
Profetas, Sacerdotes y Reyes 90
¿Qué es el Amor? 91
¿Qué pasa con aquellos que nunca han
   oído el Evangelio? 92
Realidad I (Lo Auténtico) 93
Realidad II (Lo Auténtico) 94
Sal y luz 95
Sanidad 96
Seguridad 97
Sólo Dios es Dios y Dios no está solo ... 98
Soltería 99
Teología 100
Tiempo y Eternidad 101
Toma tu cruz 102

Tradiciones	103
Tus necesidades	104
Un tiempo, y tiempos,	105
y la mitad de un tiempo	105
Vasos de agua fresca	106
Veganismo	107
Verdad y Significado	108
Vida abundante	109
Vida victoriosa	110
Victoria en las crisis	111
Visión clara	112

Introducción

Los emails diarios que yo envié a la iglesia que pastoreo en Lausana, Suiza, durante el confinamiento del Coronavirus de 2020, cuando no podíamos congregarnos, forman parte del contenido del presente libro. Cada email contenía un pasaje bíblico para la lectura y un pensamiento pastoral.

La mayoría son mis propios pensamientos, pero algunos son adaptaciones de otros que he leído y he cambiado, añadiendo mi propia aplicación y perspectiva. Pueden ser usados como meditación personal diaria o en discusiones de grupo y en cualquier orden preferido.

El libro está formado por 100 pensamientos, en 100 palabras (en el original), cubriendo 100 páginas (en el original). Puedes leer una página cada día durante tres meses y volver a empezar.

Los pensamientos varían en cuanto a su importancia, amplitud y profundidad. Es posible que algunos de los pensamientos "menos" importantes sí sean importantes para ti, dependiendo de la condición o situación en la que te encuentres. Se trata de pensamientos breves de los cuales se podría decir mucho más. Son un punto de partida.

Se han condensado para que quepan en un párrafo de unas 100 palabras cada uno (en inglés). Se deben leer como un poema en prosa, un Haiku extenso.

Muchos de estos pensamientos surgieron a partir de preguntas que hizo la gente. Algunos te serán obvios o familiares. Algunos serán nuevos para ti.

No todo el mundo estará de acuerdo con todos los pensamientos. No te preocupes; tan sólo medita en ellos y ora. O escribe otro mejor sobre el mismo tema. Muchos de los pensamientos se basan en estudios bíblicos, pero no doy referencias porque hay demasiadas. Los pensamientos son bíblicos, pero no siguen una denominación o una tendencia política.

Algunos de estos pensamientos se encuentran en el contenido de mis otros libros.

Ellis Potter, Basilea 2020

Agradecimiento

El agradecimiento verdadero requiere humildad y pobreza de espíritu. El agradecimiento a Dios es infinito, porque cuando estamos agradecidos por ser agradecidos, comenzamos una espiral vertical. Siempre es adecuado estar agradecidos a Dios y a menudo a los demás. Si nos acordamos de qué estar agradecidos, las demás cosas estarán bajo la perspectiva de la Gracia de Dios. Necesitamos tener presente lo malo para poder resistir y perdonar. Ser agradecido nos renueva, nos da energía y es terapéutico. Una pequeña inversión en ser agradecido reporta un gran dividendo en bendiciones. Haz del agradecimiento, especialmente en tiempos difíciles, una disciplina gozosa en tu vida.

Alabanza

Alabanza significa decirle a alguien lo mucho que valen. Alabamos a Dios o al dinero o a los anuncios o a las tradiciones cuando cantamos o invertimos en ello, los imitamos y los obedecemos. La alabanza es 24 horas-7 días a la semana. No se acaba cuando acaba la reunión. Venimos a la Iglesia a "preparar la alabanza", a prepararnos para alabar el lunes y cada día. La alabanza que damos a muchas cosas es forzada y exagerada. La alabanza a Dios es libre y nunca debe ser exagerada. Podemos alabarle de todo corazón sabiendo que Él nunca será indigno de nuestra alabanza y adoración.

Autenticidad

Ser auténtico significa ser genuino u honesto. Más concretamente, significa "procedente de uno mismo", como en una autobiografía o autógrafo. Tan sólo Dios procede de Sí mismo. Todo lo demás, tanto cosas como personas, tiene su origen en Dios y no en sí mismo. Si algo o alguien es "autorreferente" no tiene significado, porque el significado se consigue con las relaciones. No existe significado verdadero si no está relacionado con Dios, porque Él es el autor de todo. Que Dios nos ayude a librarnos de la carga de inventarnos a nosotros mismos y la pongamos en Jesús, el cual puede llevarla y solucionarla perfectamente. Amén. Recibe de Jesús tu auténtico ser.

Autoridad

La autoridad es el poder para describir la realidad de la misma manera que un autor describe un libro. Toda autoridad procede de Dios, el cual es el autor de la realidad. De la misma manera que los niños necesitan que sus padres les describan la realidad de la hora de irse a dormir, la dieta y dónde jugar sin peligros, nosotros necesitamos que Dios nos describa la realidad. Esto lo hace a través de la Biblia y del Espíritu Santo. La autoridad funciona en nuestras relaciones con Dios/gente, padres/hijos, gobierno/ciudadanos, marido/mujer, jefe/empleado, ancianos/miembros de la Iglesia y otras relaciones. Todas las relaciones están distorsionadas por el pecado. La libertad se consigue cuando oramos y procuramos corregir las relaciones, no cuando eliminamos la autoridad. Ora por aquellos que están en puestos de autoridad.

Batalla

Si enseñamos a nuestros hijos que el género es un don y no algo que nosotros elegimos para nosotros, según nuestros sentimientos, que no nos inventamos a nosotros mismos y que Jesús sólo es Señor, tendremos, al igual que nuestros hijos, un conflicto enorme en el colegio y en nuestra cultura en general. Nuestra situación como cristianos no es segura, pero Dios está con nosotros. La cultura que nos rodea nos enseña a nosotros y a nuestros hijos ideas mortales, no Bíblicas y nos demanda que nos conformemos a ellas. ¿Hasta dónde se debe llegar y cuándo hemos de decir basta? Que Dios nos dé sabiduría y coraje. Amén.

Bendecir y maldecir

Bendecir significa enriquecer, engrandecer y hacer la vida más plena. Maldecir significa achicar la vida. Pueden ser frases o rituales, pero son mucho más que eso. Las bendiciones pueden ser el dinero, la salud, el conocimiento, el ánimo, la ayuda, la amonestación y los desafíos para ser mejor. Las bendiciones nos hacen reales. Las maldiciones nos hacen irreales. Las bendiciones a menudo son dolorosas, mientras que las maldiciones normalmente son agradables. Un ejemplo de una bendición dolorosa es ir al dentista. La adulación es un ejemplo de maldición agradable. Las bendiciones nos mueven a comprometernos con la vida y el desarrollo. Las maldiciones nos distraen de la vida y nos incitan a menguar.

Conocer a Jesús

Conocer a Jesús incluye varias cosas: obtener información y enseñanzas correctas sobre Él y vivir con Él obedeciéndole e imitándole. Hay gente que tiene mucha información sobre Jesús pero no viven una experiencia de cambio o sanidad. Hay otros que tienen muchas experiencias con Jesús, pero no saben mucho de Él. Es fácil saber de qué lado estamos. Una vida cristiana sana requiere que prestemos más atención al lado que tenemos más descuidado. Que Dios nos guíe y bendiga y haga que nuestras vidas sean más completas. Amén.

Confesión

Confesar nuestros pecados, específica y generalmente, y obtener el perdón y la purificación de Dios, son esenciales para la vida cristiana. Acuérdate de traer cada día tus pecados, conscientes o inconscientes, a Dios, para que la sangre de Jesús te limpie y perdone. De esa manera nos vamos quitando la basura que se acumula en nuestras vidas y tenemos la oportunidad de empezar de nuevo. Eso nos ayuda a ser más receptivos a las bendiciones de Dios, su guía y su poder para que podamos servir y bendecir a otros. Cuando Dios te haya perdonado, perdónate a ti mismo y sigue adelante. No te aferres a un sentimiento de culpabilidad falso. Haz de ello un hábito diario, tú sólo o con otros.

Confianza

El único que es totalmente fiable es Dios, Su carácter y Sus promesas. Nuestra imaginación no es fiable. Todo y todos nos traicionan de una forma u otra y por ello estamos dañados y mermados. Gran parte de las enfermedades mentales están relacionadas con la falta de confianza. Ser fiable es una forma de ser sal y luz en el mundo. La confianza es frágil y se daña fácilmente. La confianza en Dios nos sana. Cuando somos constantemente fieles en lo que hacemos y decimos, contribuimos al capital social de nuestra cultura. La confianza es parte del Reino de Dios. Ora y trabaja por ella.

Confianza y seguridad

En tiempos de crisis y estrés como lo es la pandemia del Coronavirus de 2020, es difícil estar confiados. Los gobiernos cometen errores, cualquier persona con la que nos encontremos nos puede contagiar, los que controlan nuestra vida en las redes tienen agendas diferentes. No podemos ver ni entender todos los detalles. Pero podemos ver la visión completa en la Persona de Dios y en Sus promesas. Nos promete guardarnos para que nada nos separe de Él. Todos los detalles estresantes y desconcertantes de nuestras vidas tienen significado verdadero en la perspectiva de las promesas eternas de Dios. Fija tus ojos en Jesús. Piensa en Su poder y su fidelidad y ten paz.

Cristianos a tiempo completo

Muchos cristianos hablan de trabajar para la obra cristiana a "tiempo completo". Más recientemente se dice "entrar en el ministerio". Los cristianos deberían siempre ser cristianos a tiempo completo y trabajar en el ministerio de varias formas. Todos somos profetas, sacerdotes y reyes. No importa si nuestro salario viene de las ofrendas o de la economía local. En el cristianismo no hay ni sistema de clases ni trabajo a media jornada. Todos deberíamos ser responsables de servir y de vivir una vida cristiana a tiempo completo. Sé un fontanero o un pastor cristianos a tiempo completo. Sé tu mejor versión para Jesús.

Culpa y Esperanza

Sin culpa no hay esperanza. La culpa no es muy popular y es políticamente incorrecta en nuestros días. Se nos enseña a ignorar y a reprimir nuestros sentimientos de culpa, lo cual puede darnos un descanso temporal. Si no somos culpables, entonces sólo somos víctimas inocentes de nuestras circunstancias y debemos ser compensados, entendidos, aceptados y tolerados. La gente puede prometer hacer eso, pero nadie es capaz de hacerlo. Si somos culpables, necesitamos ser perdonados y restaurados. Alguien ha prometido hacer eso. Si llevamos nuestro ser quebrantado a Dios a través de Jesucristo tenemos una esperanza real para el futuro.

Día de la Ascensión

El día de la Ascensión recordamos el día en el que Jesús fue llevado por una nube al cielo. Esa nube no era vapor de agua, sino la Gloria Shekinah de Dios. Jesús pasó a otras dimensiones de la realidad que no podemos ver, pero no se fue lejos de nosotros. Él dijo dos cosas que concuerdan: "Me voy a ir" y "Siempre estoy con vosotros". El cielo contiene las dimensiones sobrenaturales de la realidad, las cuales están en el mismo lugar que las dimensiones naturales, al igual que la altitud está en el mismo lugar que la longitud y la anchura. Jesús ha ascendido al cielo y está aquí mismo con nosotros. Que Dios use la presencia de Jesús para reconfortarnos y desafiarnos. Amén.

Dios es Amor

Es importante que no digamos ni pensemos "el Amor es Dios". Eso nos llevaría a adorar cualquier idea o experiencia transitoria que consideremos como "amor". El amor no puede separarse de la Verdad ni de la Justicia. El amor no es una emoción, sino una serie de acciones que animan y apoyan al amado a ser la persona que Dios quiere que sea. El amor puede ser apacible o violento, animador o amonestador. El amor debe tener la libertad de funcionar independientemente de nuestros sentimientos. Nuestros sentimientos se harán claros si actuamos con amor y con oración. Necesitamos que Dios nos enseñe a amar.

Dios es Verde

Mucha gente piensa que Dios es de color marrón (o que está en Babia), despreocupado por Su creación y preparándose para destruirla en el fuego. La expresión 'el fin está cerca' puede significar que la terminación está cerca o el objetivo está cerca. En el griego, "telos" tan sólo significa objetivo. El objetivo es la purificación y la renovación de la creación, no su destrucción. "El fin está cerca" en realidad significa "el principio está cerca". Dios concedió a los humanos la responsabilidad de cuidar Su creación, no de explotar ni dañarla. Los cristianos y los ecologistas (verdes) tienen que aprender que no hay nadie más verde que Dios mismo.

Dolores de crecimiento

¿Hay crecimiento sin dolor? Cuando crecemos física, intelectual, socialmente o en santidad, lo viejo muere y lo nuevo nace. El "yo" viejo nos es familiar. El "yo" nuevo es un misterio y no sabemos cómo vamos a ser. Tenemos que caminar por fe en la oscuridad, dándole la mano a Jesús y confiando en la luz de la Escritura. Cuando sufras dolor, busca el área de crecimiento. Si la encuentras, aun quedará un poco de dolor, pero tendrá significado y propósito.

Dones y Frutos

Recibimos dones y frutos del Espíritu Santo. Los frutos son normativos, mientras que los dones no lo son. Diferentes cristianos tienen diferentes dones. Si te faltan algunos dones (si nunca has hablado en lenguas o resucitado a nadie de los muertos), aún puedes tener una vida cristiana normal. Si te falta alguno de los frutos del Espíritu (amor, gozo, paz, paciencia, benignidad, bondad, fe, mansedumbre, templanza), tu vida no es normal. Todos los frutos del Espíritu son para cada uno de los cristianos. Los frutos son un mejor indicador de tu temperatura espiritual que los dones. Que Dios nos ayude a reforzar los frutos que son débiles. Amén.

El arte

El arte es artificial, producto del brazo humano. Las cosas y los eventos naturales pueden ser muy agradables e inspiradores, pero nunca son arte. El arte es Acción Humana Intencional y es responsable. El arte es lo que hace la gente con la naturaleza en la agricultura, la pintura, la música, la cocina, el baile, la arquitectura, etc. El arte es el dominio responsable sobre la naturaleza. El arte son las expresiones y afirmaciones de las personas. No se trata de si nos gusta o no lo que dicen. Se trata de lo que dicen en sí. El arte no es un producto de consumo, sino para el diálogo y las relaciones. Deshumanizamos el arte cuando lo convertimos en un producto de consumo. El arte no se trata de mí solamente, sino de nosotros. Únete a la conversación.

El Cielo en la Tierra

Jesús nos enseñó a orar diciendo "venga tu Reino, hágase tu voluntad, así en la Tierra como en el Cielo". Jesús quiere que las dimensiones sobrenaturales del Cielo vengan aquí a nosotros, no que nosotros vayamos "allí" a ellas. Nuestra verdadera ciudadanía eterna está en el Cielo, pero no iremos allí a obtenerla. Vendrá aquí cuando Jesús vuelva. El cristianismo no es una vida de escapismo, sino de compromiso. El sufrimiento y la confusión han hecho que los cristianos pensemos que Dios nos va a llevar a otro lugar y no que Él va a venir a estar aquí con nosotros. Pongámonos de acuerdo con los planes de Dios.

El día de la madre

Esto debería ser un estilo de vida, no un acontecimiento. Uno de los 10 mandamientos dice: "Honra a tu padre y a tu madre". Esto no significa que hay que obedecer como algunos piensan. Obedecer a un padre o madre senil o con demencia no ayuda a nadie. Honrar significa respetar la vida; apoyar, proteger y preservar la vida. Por eso el mandamiento está unido a la promesa, "para que tus días se alarguen en la tierra". Si tus hijos ven que honras la vida de tus padres, ellos también honrarán tu vida. Los padres también pueden ser otras personas mayores, lo cual aumentará el capital social y la bendición de una nación grandemente.

El mal

El bien y el mal no son opuestos idénticos. El bien es original y el mal es una distorsión o una falsedad. El mal no puede existir sin el bien, pero el bien puede existir sin el mal. El mal se nos presenta en formas que odiamos y tememos. El mal es más peligroso cuando nos parece atractivo. El mal nos atrae a participar en él, a internalizarlo hasta que nosotros mismos nos volvemos malos. El mal consiste en rechazar lo que Dios nos da para inventarnos a nosotros mismos según nuestra propia imaginación. El mal fue derrotado y tragado en victoria en la Cruz. No nos metas en tentación, mas líbranos del mal.

El mínimo de fe

La gente se convierte al cristianismo por muchas razones, emociones y circunstancias. Una razón para creer en el cristianismo es que se necesita menos fe para creer en él que para creer en otra cosa. Se necesita fe, pero fe como un grano de mostaza, no fe como un coco. Nuestra fe puede ser pequeña pero viva y creciente y fructífera porque el cristianismo da respuestas claras a más preguntas que otros sistemas religiosos. Se necesita más fe para creer que la gente es buena o creer en la evolución o en el comunismo o el racionalismo o el materialismo o la astrología. Escoge la fe racional. Escoge el cristianismo.

El pecado imperdonable

Algunos cristianos temen haber cometido el pecado imperdonable, la blasfemia contra el Espíritu Santo, y piensan que serán apartados de Dios permanentemente. El pecado implica la acción y las palabras, pero en realidad es más bien una actitud. La blasfemia contra el Espíritu Santo es la actitud de pensar que Su trabajo es malo, en particular Su testimonio sobre Jesucristo. Los que tienen esa actitud no pueden arrepentirse y ser perdonados porque creen que tienen razón. La gente que se preocupa de este pecado probablemente no lo han cometido, pues no se preocuparían por ello. Los que lo han cometido están satisfechos consigo mismos.

El programa predeterminado

El programa predeterminado de Dios para la vida humana incluye el matrimonio y los hijos, la buena salud, la productividad y la confianza en Él. Ninguno de nosotros encaja en el programa completamente, por ello hay programas especiales como la soltería, el crecimiento a través de la adversidad y el contentamiento en las limitaciones. Todos estamos discapacitados. Algunas de las discapacidades son obvias, otras están ocultas. Algunas discapacidades pueden ser curadas durante nuestra vida y otras no. Deberíamos ser sensibles a nuestras discapacidades y a las de los demás. Sé realista y busca la victoria de Dios en tu condición de discapacidad. Anima y apoya a otros en sus situaciones especiales.

El Reino de Dios

Jesús dijo que el Reino está cerca, está viniendo, está aquí, está entre nosotros y dentro de nosotros. Esto no describe a la Iglesia o a un lugar lejano. El Reino de Dios es el gobierno de Dios en el mundo, en nuestras sociedades, familias y en nuestros corazones. "Venga tu reino" y "Hágase tu voluntad" significan la misma cosa. Jesús quiere que el gobierno de Dios venga a la tierra. Deberíamos quererlo con Él. Dios, ayúdanos a querer tu voluntad y a recibirla primero en nuestros corazones y luego comunicarla a los demás. Amén.

El testimonio del Bautismo

Yo creo que Dios (Padre, Hijo y Espíritu Santo) ha creado el mundo y me ha creado a mí. Yo no me he creado a mí mismo. Me he rebelado contra Dios y he intentado crearme a mí mismo siguiendo mis ideas y deseos. Esta auto creación no es duradera y por lo tanto está muerta. Creo que Jesucristo vino al mundo y murió en la cruz para que yo pueda tener vida nueva. He aceptado esta nueva vida con agradecimiento y me propongo vivir, con la ayuda de Dios, como Él quiere que viva.

Enfoque

Hay muchas cosas, personas y circunstancias que nos invitan (o nos tientan) a concentrarnos en ellos. Algunas cosas que son urgentes ocupan toda la atención de nuestra conciencia y ocultan el resto. Cuando nuestra atención se centra en una necesidad particular, un temor o un deseo, la imagen se vuelve borrosa y distorsionada. Cuando nuestra atención se centra en Jesús, todas las cosas se enfocan con claridad. Jesús nos da un significado claro y un propósito a todas las cosas que hay en nuestra vida. Sabemos dónde estamos y a dónde vamos cuando, igual que cuando vemos la luz al final del túnel, nos enfocamos hacia Su Palabra.

¡Escoge la vida!

La vida es dura y complicada; la muerte es fácil y simple. ¡Escoge la vida! Podemos escoger la muerte, pero no tenemos por qué hacerlo- nos va a ocurrir de forma natural. Pero sí debemos escoger la vida. La vida es dura; la muerte es fácil. Nuestra vida natural ocurre de forma "natural", pero nuestra vida espiritual (la vida completa) debe ser recibida de Dios, escogida y vivida. La vida es posible porque Jesucristo murió y resucitó. Nosotros no podemos crear la vida. Tan sólo Dios puede crear vida. Nosotros simplemente la recibimos de Él. Haz de la vida un hábito. Sé agradecido. Dios te bendiga.

Escondiéndonos de Dios

Adán y Eva se escondieron de Dios entre los árboles del jardín. La gente se esconde del Creador en la creación, detrás de la ciencia y de la evolución. La gente se esconde de Dios en su orgullo, en sus derechos o en su victimismo. La gente cree que pueden discernir la diferencia entre el bien y el mal por sí mismos y se pueden declarar inocentes. Los que creemos en Jesús también podemos escondernos de Él en un encubrimiento desconfiado de vergüenza. Cuando nos escondemos no podemos ser perdonados, sanados ni transformados. Seamos transparentes con Dios y confiemos en Él completamente. El único escondite verdadero está en Dios.

Especial y Corriente

Todos tenemos experiencias únicas o especiales en nuestra vida, al igual que experiencias corrientes. Las experiencias especiales, como los sueños, las visiones, las sanidades o las reuniones multitudinarias, nos alientan, son memorables y no se repiten normalmente. Las cosas corrientes, como la disciplina, los hábitos de oración, perdonar a otros, nuestra visión del mundo, dan orden y estructura a nuestras vidas y al mundo. Tanto lo especial como lo ordinario son esenciales y necesitan estar enfocados y coordinados el uno con el otro. Juntos proveen un visión clara y completa del mundo y de nuestras vidas.

Espiritual = Sobrenatural

La mayoría de la gente cree en esa ecuación, que lo espiritual significa lo invisible, lo no-físico. La Biblia nos enseña que eso es falso. El nacimiento y la resurrección de Jesús fueron inequívocamente tanto espirituales como físicos. Si el nacimiento físico y la resurrección no son espirituales, hemos perdido la Navidad y la Semana Santa. Nuestras vidas espirituales son físicas, intelectuales, emocionales, relacionales y sobrenaturales. El reino espiritual de Dios incluye una tierra nueva física. Jesús murió para que fuéramos completos. Todo lo que nos haga incompletos o nos divida no es espiritual. Dios no quiere que nos dividamos entre lo espiritual y lo no espiritual, sino que seamos completos.

Espiritual = Totalmente Real.

Fuerte y Débil

Cada uno de nosotros tiene puntos débiles y puntos fuertes, frutos del Espíritu fuertes y otros débiles. Fortalecer lo que ya es fuerte es natural. Fortalecer lo que es débil es espiritual. Dios quiere que fortalezcamos lo que es débil para que nos convirtamos en gente santa y completa. Si nuestro conocimiento es fuerte, deberíamos fortalecer la experiencia. Si nuestra experiencia es fuerte, deberíamos fortalecer el conocimiento. Fortalecer lo que es débil es avanzar con temor hacia lo desconocido. Que Dios nos ayude a caminar por fe y a tomar la mano de Jesús. Amén.

Gloria

"Gloria" significa peso, fundamento sólido, fiable. También significa radiante y resplandeciente. Dios es Amor. El amor es la base de toda la realidad y todo encuentra su significado en el Amor. La Gloria de Dios es el Amor. Debemos decirle a Dios que Él es Glorioso; debemos proclamarlo al mundo y cantar sobre ello. Mostramos el Amor de Dios y magnificamos Su Nombre cuando nuestro Amor por los demás y por el mundo necesitado crece. Participamos en la venida del Reino de Dios a la tierra. "Venga tu Reino, hágase tu voluntad, así en la tierra como en el cielo". Amén.

Guay

La comunicación que es "guay" es emocional y experimental y no conduce a la discusión. No es ni cierta ni errónea- simplemente es "guay". Algo que es "guay" expresa gusto, lo cual no es cuestionable (de gustibus non est disputandum *–sobre gustos no hay disputas*). Las cosas "guays" no son detectadas por el radar de la lógica y nos invitan a la participación sin la necesidad de tomar una decisión o comprometerse. Es muy útil en la publicidad y en la propaganda. La comunicación que no es "guay" tiene contenido definido, es comprometida y es verdadera o falsa. Invita a la discusión y a la capacidad de decisión. Las buenas noticias de Jesucristo no son "guays", sino que nos presentan categorías de la realidad que son o bien verdaderas o falsas y nos invitan a tomar una decisión. Jesús no es "guay".

Guía

La Voluntad de Dios es perfecta y Él quiere que tomemos decisiones responsables. Los cristianos cometen dos errores cuando toman decisiones: 1. Las tomamos por nuestra parte, sin ninguna referencia a Dios. 2. Esperando que Dios nos diga exactamente lo que tenemos que hacer para poder echarle la culpa si algo sale mal. Si decimos que "Dios me lo dijo", nadie puede discutir nuestra decisión sin involucrar a Dios. No hay decisiones perfectas, sino decisiones responsables. Dios nos guía a través de las Escrituras, de las visiones, de los sueños, de las finanzas, de lo que nos dicen otros, de las circunstancias y de mucho más. También somos libres y responsables.

Gusto

"De gustibus non est disputandum"- sobre gustos no hay nada escrito. Nuestros gustos son parte de quiénes somos, pero no son algo seguro. Si pensamos que algo es bueno porque nos gusta o malo porque no nos gusta, nos contentamos a nosotros mismos y carecemos de verdad. El que nos guste algo dice mucho de nosotros mismos, no de lo que nos gusta en sí. Los gustos son subjetivos y deben ser unidos a la objetividad para que traigan vida. Hay dos confesiones que traen vida: me gusta lo que no es digno y no me gusta lo que es digno. No confíes en tus gustos para que te enseñen la verdad. Si no nos gustara el pecado no lo haríamos nunca.

Hablar de Dios

En Isaías 62:6 leemos "Los que os acordáis de Jehová, no reposéis". ¿Mencionas a Dios en tus conversaciones con tus vecinos, colegas, panaderos, médicos y banqueros diciendo "Dios te bendiga"? A veces la gente se asombra cuando digo eso, pero no parece que les ofenda. La gente necesita la bendición de Dios. Procura mencionar a Dios en tus conversaciones cuando sea apropiado o positivo. No deberíamos sentirnos tímidos ni avergonzados de hablar del Señor, sino entusiasmados. Cuando bendigas a alguien, ora por ellos. Que Dios nos dé gracia, coraje y sabiduría para hablar de Él. Amén.

Humildad

A menudo se piensa que la humildad es timidez, auto desprecio o ser un pusilánime. Cuando Dios llamó a Moisés, éste le explicó cómo se percibía- inadecuado para el trabajo. Eso era orgullo. Pero cuando aceptó el liderazgo, eso era humildad. La humildad es realismo y confianza en Dios. Moisés fue llamado el hombre más humilde que jamás vivió y sin embargo tenía poder sobre la vida o la muerte de más de 1.5 millón de personas y no fue tímido ante el Faraón. Seamos humildes para aceptar los dones que Dios nos da para servir a otros. Que te identifique Dios, no tu propia imaginación.

Identidad

Id-entidad. Algo propio. Esto no es suficiente para la vida en el Reino de Dios. La identidad de Jesús se halla en Su relación con el Padre y con el Espíritu Santo. Nuestra identidad está en nuestra relación con Dios y con otras personas. La identidad verdadera va más allá del ego. La imagen de Dios es ellos, no él o ella. Identifícate a ti mismo a través del amor, no tanto a través de una autodescripción. Señor, ayúdanos a darnos cuenta de que nuestra identidad no se encuentra en nosotros mismos sino en nuestras relaciones, las cuales Tú creas y sustentas. Amén.

Independencia

La independencia es un valor básico de nuestro tiempo. Se nos enseña que podemos inventarnos a nosotros mismos y ser lo que queramos ser. Mucha gente piensa que no deberíamos casarnos con alguien si los necesitamos. Deberíamos ser independientes y autosuficientes. Consecuentemente, no valoramos a los demás y acabamos despreciándonos los unos a los otros cuando se acaba la diversión. Dios creó a la gente para que le necesitaran y para que se necesitaran los unos a los otros, especialmente en el matrimonio. Los cristianos deben identificar áreas de necesidad y dar gracias a Dios cuando Él suple esas necesidades a través de la persona con la que se casan.

Juicio

El juicio es para corregir o para destruir. Juzgar significa reparar o ajustar algo para que encaje. No encajamos con Dios porque nuestros pecados nos han deformado. El juicio de Dios restaura nuestra forma original. El proceso puede ser doloroso e intimidante, pero lo aceptamos por fe, confiando en Dios. Los que aceptan la salvación de Dios a través de Jesucristo son bendecidos con Su juicio y son hechos completos y perfectos. Los que rechazan la salvación de Dios son destruidos por Su juicio. El fuego refinador de Dios purifica o quema. Señor, ayúdanos a recibir Tu juicio de amor y Tu sanidad. Amén

Justicia y misericordia

La justicia, por sí sola, implica equidad e imparcialidad. La gente piensa que significa obtener lo que se merecen. Esto realmente no es algo aparentemente positivo, porque, si somos pecadores, lo que merecemos es muerte. A la gente sólo les interesan sus derechos. Si somos pecadores, ¿cuáles son nuestros derechos? El único derecho que tenemos es morir porque la paga del pecado es muerte. ¡Qué maravilla que Dios no nos ofrece ni justicia ni nuestros derechos! Nos ofrece misericordia y vida. Cualquiera que piense que se merece la salvación, es muy probable que no la obtenga. Sé humilde y confía en Dios.

La apologética es amor

La gente necesita saber que el Evangelio es la única manera totalmente racional y precisa de entender la realidad. Aún más, necesitan abrir los ojos y ver su propio pecado y su necesidad de Dios. El amor es lo que debe motivar a la apologética, con la finalidad de alentar a las personas para que busquen esa libertad. Que Dios nos ayude a estar preparados para responder y amar a aquellos que nos preguntan. Amén.

La muerte

La muerte es simplemente distanciamiento o separación. Los seres humanos somos un conjunto de vida con mente, deseo, emociones y un cuerpo, los cuales están unidos por un adhesivo llamado alma. Si pierdes tu alma, pierdes el adhesivo y todo se viene abajo. La sangre de Jesús, la cual nos limpia y nos sostiene en vida, es lo que hace que ese adhesivo funcione. La muerte física es la separación de las distintas partes, pero los que tienen la sangre de Jesús volverán a ser restaurados en la resurrección. También vivimos la muerte de relaciones, de la confianza, de la esperanza y de las ideas. Busca a Jesús para tener la victoria sobre la muerte.

La nube de Gloria

Encontramos la nube de la gloria de Dios o de Su presencia a lo largo de las Escrituras y es un punto de encuentro entre las dimensiones naturales y las sobrenaturales. La Nube nos ayuda a entender muchos acontecimientos, como la zarza ardiente, el Éxodo, el humeante Monte Sinaí, la presencia de Dios en el templo y en el tabernáculo, la estrella de Belén, la transfiguración, la ascensión, la conversión de Pablo y la segunda venida de Jesús. La experiencia de la Nube se vive como fuego, luz, oscuridad o estrella y nunca es vapor de agua. La experiencia de la Nube parece ocurrir mientras estamos despiertos y a menudo incluye una voz. Que Dios nos ayude a ver más la escena completa. Amén.

La sangre de Jesús

En un mundo pecador cubierto por el polvo de la muerte, vivimos por la muerte de otros. Dios nos ha dado animales que han muerto para darnos comida, ropa y cobijo a través de toda la historia. La sangre de esos animales señala hacia la sangre de Jesús, la cual une nuestro ser y nuestro mundo quebrantados. Jesús nos ama tanto que dio su Sangre por nosotros para que tengamos vida nueva y estemos con Él y con nuestros hermanos en el Reino de Dios para siempre. Nuestras vidas son preciosas y hermosas para Dios. Deberíamos cuidarnos a nosotros mismos al cuidar y servir a otros.

La seguridad de la salvación

Aquellos que pertenecen a Dios a través de Jesucristo son salvos y están seguros incluso cuando están física o psicológicamente discapacitados. La salvación no depende de nuestros sentimientos acerca de Jesús, sino en lo que Él ha hecho por nosotros y en Su poder para guardarnos. Ni nuestra condición física ni nuestro estado de ánimo son un indicador fiable de nuestra relación con Dios y de nuestro crecimiento como hijos suyos. La mejor indicación es si estamos creciendo o amenguando en los frutos del Espíritu: amor, gozo, paz, paciencia, benignidad, bondad, fe, mansedumbre y templanza. Que Dios nos proteja del desaliento que producen nuestras decepciones. Amén.

La tristeza y el luto santo

La tristeza santa implica el arrepentimiento que lleva al cambio. Es una pena que no estemos viviendo nuestra vida como Dios quiere que la vivamos, lo cual podríamos hacer. Hay elementos de gozo y agradecimiento en ello. La tristeza del mundo la experimentamos todos y puede que no nos lleve a ninguna parte. La tristeza santa es un don y lleva a la vida. "Bienaventurados los que lloran" se refiere a los que lloran por sus pecados y por el mal del mundo, los que lloran porque han ofendido a Dios; se refiere a los cristianos del Reino de Dios, no a cualquier persona que hace duelo por una pérdida o por un sufrimiento.

La verdad y la misericordia

Hay personas que se sienten atraídas por la idea de mejorar sus relaciones diciendo toda la verdad. El ser completamente honesto y no esconder nada puede hacernos sentir puros. Pero la verdad de Dios no es sólo hechos. La verdad sólo vivifica cuando viene junta con el Amor y la Misericordia. Si la forma en la que te suenas la nariz me parece asquerosa, puedo escoger, por misericordia, no decírtelo. La forma en la que la Verdad y la Misericordia trabajan juntas es misteriosa. Necesitamos la sabiduría de Dios para tomar la mejor imperfecta decisión. Que Dios nos ayude a ser lentos para hablar y rápidos para orar. Amén.

Las Bienaventuranzas Posmodernas

1. Bienaventurados los que están seguros de sí mismos porque ellos tendrán éxito.
2. Bienaventurados los que evitan sentimientos de culpabilidad porque ellos serán confortados.
3. Bienaventurados los que tengan una imagen positiva de sí mismos porque se sentirán mejor.
4. Bienaventurados los que tienen claros sus valores porque ellos se inventaran a sí mismos.
5. Bienaventurados los que conocen sus derechos porque así los conseguirán.
6. Bienaventurados los que no se apegan a nada porque ellos serán admirados.
7. Bienaventurados los que se juntan para cotillear porque ellos avanzarán en la vida.
8. Bienaventurados los que son políticamente correctos porque ellos evitarán la controversia.

Leer la Biblia

Leer la Biblia cada día es importante porque nos mantiene enfocados en el Reino de Dios y en la Realidad. Es como si miráramos por una ventana la Verdad sólida de Dios, la cual funciona como un ancla en los días que nos resultan confusos y desenfocados. También nos mantiene conectados con otros que leen los mismos pasajes, incluso si están lejos. Los beneficios de la lectura de la Biblia no dependen de si entendemos perfectamente todo lo que leemos. Que Dios nos dé hambre por Su Palabra. Amén.

Lenguaje I

Dios habla y es fiel a lo que dice. Las personas, hechas a Su imagen, han sido destinadas para hablar y ser fieles a lo que dicen. Cuando perdemos el respeto al lenguaje y al compromiso que tenemos con el significado de las palabras, dependemos más de los gestos, de la expresión corporal, de la energía emocional, de las relaciones sociales y de nuestro deseo de comunicación. Este proceso nos resulta más atractivo porque es más relajado que el ser diligente o el estar comprometido. Mientras que los elementos de la comunicación no-verbal son válidos, este proceso nos hace más parecidos a los animales que a Dios. Ten cuidado. Escoge la vida.

Lenguaje 2

La Palabra de Dios es fiel, está comprometida y vale la pena guardarla. Nuestras palabras deberían ser también fieles, comprometidas y válidas porque estamos hechos a la imagen de Dios. No nos sirve de nada que Jesús nos diga: "Es guay si te perdono tus pecados, si te mola o lo que sea". Tenemos un sentido natural muy fuerte de una libertad excesiva del uso del lenguaje (son sólo palabras). El Espíritu Santo nos da un sentido espiritual de compromiso y de confianza en el lenguaje. Tenemos una batalla muy grande para ser fieles al lenguaje y tener cuidado de cómo lo usamos porque los pecados que cometemos con el lenguaje se han convertido en costumbres. ¡Ten ánimo!

Libertad Total = Muerte

En nuestra cultura, la libertad tiene cada vez más valor que formalidad, la lealtad, la responsabilidad, la dependencia o la obediencia. Dios no hizo al ser humano para que estuviera solo o fuera independiente. Si nos liberamos totalmente de necesitar a otros individuos o a la sociedad, nos vemos avocados hacia el aislamiento y la separa-ción, lo cual es muerte. La gente quiere ser libre según su imaginación, pero nuestra imaginación no reproduce la realidad. La realidad es Quién es Dios, lo que Él hace y lo que Él quiere. La libertad es dinámica y sólo cobra significado con la formalidad. Señor, ayúdanos a ser libres en el formato que Tú nos das. Amén.

Líderes y seguidores

En el mundo evangélico se hace mucho énfasis en el liderazgo y hay muchos libros y conferencias sobre el tema. Pero siempre hay más seguidores que líderes, por supuesto. La calidad de los seguidores es tan importante como la calidad de los líderes. Los seguidores deberían apoyar y animar a sus líderes, demandar mucho y quejarse poco, deberían examinarlo todo, orar por sus líderes, evitar el cotilleo a toda costa, responder a la enseñanza para que los líderes se animen a enseñar mejor y deberían orar e intentar ser parte de la solución y no parte del problema. Cada seguidor es importante y necesario. Que Dios ayude a todos los seguidores a tomarse en serio su papel. Amén.

Lo que oímos y leemos los cristianos

A veces, los cristianos no han escuchado ni leído con atención desde el principio. En Juan 21:22-23, Jesús le preguntó a Pedro qué importaba si Juan no muriera hasta que Jesús volviera a la tierra. La gente entonces empezó a decir que Juan nunca iba a morir. Es emocionante, llamativo e impactante decir cosas como éstas, pero puede crear confusión, desilusión y tensiones. Sé cuidadoso al oír o al leer, no sea que le des otro significado sensacionalista o quieras probar tus propias ideas. Que Dios nos ayude a ser humildes y disciplinados en lo que leemos, oímos y hablamos. Amén.

Los 10 Mandamientos Posmodernos

(En dos tabletas de Samsung).

i. Valorarás sólo lo que contribuya al enriquecimiento de tu vida como a ti te parezca.

ii. No honrarás o servirás a ninguna persona, institución o valores aparte de ti mismo.

iii. No te someterás a ninguna convención lingüística que te ofenda a ti mismo en ninguna manera.

iv. Ordenarás tu agenda y ritmo de vida tan sólo siguiendo tus sentimientos acerca de ellos.

v. Te honrarás a ti mismo y a tu propia conveniencia por encima de cualquier otra persona.

vi. Aceptaras los daños colaterales del proyecto de tu vida.

vii. No serás infiel a tus propios sentimientos y deseos.
viii. Te apropiarás de todo lo que te impida salirte con la tuya.
ix. Adaptarás la verdad para servir tu conveniencia.
x. No desearás valorar nada que no salga de ti mismo.

Maldición generacional

Hay personas que viven bajo una nube emocional porque una abuela había sido una bruja o un abuelo fue un asesino. Piensan en lo que dice Éxodo 20:5: "…visito la maldad de los padres sobre los hijos hasta la tercera y cuarta generación". No incluyen las últimas palabras de la frase, que dicen "de los que me aborrecen". No se trata de lo que hicieron tus antepasados, sino de si tú amas al Señor. Las consecuencias del pecado (la pobreza, una mala reputación, la ruina ecológica) pasan a las generaciones del futuro, pero no la culpa. El libro de Ezequiel, capítulo 18, es muy claro y alentador en cuanto a este tema. Señor, ayúdanos a vivir por tu gracia. Amén.

Mansedumbre

Muchas personas piensan que la mansedumbre es lo mismo que la humildad o la timidez, siempre sentado en la fila de atrás o siendo un pusilánime. Moisés fue el líder de más de un millón de personas y plantó cara al Faraón, pero aun así fue el hombre más manso que jamás vivió. Cuando Moisés le dijo a Dios que él no era la persona adecuada para dirigir a Israel, estaba siendo orgulloso. Cuando aceptó el liderazgo, entonces fue humilde. Ser manso significa ser realista acerca de nuestra débil indignidad y aceptar lo que Dios nos ha dado hacer. Ser manso significa seguir a Dios, más que a nuestra propia imaginación, nuestros temores o deseos. Los mansos heredarán la tierra.

Meditación

La meditación es una actividad cognitiva no lineal. Ocurre en una esfera o campo de fuerza. La meditación no cristiana se centra en uno mismo y no lleva a ninguna parte. La meditación bíblica es más pasiva que la reflexión o la oración. Implica que estemos abiertos a nuevas ideas que obtenemos del Espíritu Santo y de la Biblia sobre Dios y sobre la vida. Se centra en partes del carácter de Dios, como su amor infalible o su poder infinito, los cuales son misteriosos y no pueden ser entendidos completamente por la mente racional. Otras formas de meditación pueden ser terapéuticas, aunque de modo limitado. La meditación cristiana está conectada con la oración y forma parte de una vida completa en Cristo.

Naturalismo

El Naturalismo es una creencia que afirma que lo único que existe es la materia y que todo se puede entender y expresar a través de las matemáticas. La información es un problema para los naturalistas. Todo el mundo cree en la información y su control sobre la materia, particularmente la materia genética. Aunque la información controla la materia, no hay evidencia de que la materia produzca información. La hipótesis religiosa o fe sobre este hecho es que la materia produce información, pero todavía no hemos descubierto cómo. La hipótesis más científica dice que la información es sobrenatural. En el principio existía la información o las relaciones que surgen de un Dios trinitario y de relación. La materia es creada, no auto engendrada.

Necesidad

La independencia es un valor básico de nuestro tiempo. Se nos ha enseñado que podemos inventarnos a nosotros mismo y ser lo que queramos ser. Muchos piensan que no deberíamos casarnos con alguien si le necesitamos. Deberíamos ser independientes y auto suficientes. Por consiguiente, no valoramos a la gente y los despreciamos cuando se acaba la diversión. Dios creó a la gente para que se necesitaran mutuamente, especialmente en el matrimonio. Los cristianos deberían identificar las áreas de necesidad y dar gracias a Dios cuando Él suple esa necesidad a través del cónyuge. Que Dios nos ayude a servir y a depender los unos de los otros. Amén.

Noticias y Propaganda

Necesitamos las noticias para obtener información y la propaganda para motivarnos. Las noticias son hechos neutrales. La propaganda es promoción. Normalmente, las noticias y la propaganda van juntas. Si todas las noticias son promociones o propaganda, la gente cada vez tiene menos en común. La propaganda puede ser honesta o deshonesta. El evangelismo debería ser propaganda honesta, promocionando una visión del mundo y fomentando el Reino de Dios. Si pagamos por noticias que son más bien propaganda, recibimos lo que hemos pagado y distorsionamos la verdad y la cultura. Estad alertos y examinadlo todo.

Nuestra corona de Gloria

Los cristianos anhelan recibir de Dios una corona de gloria y de recompensa. En la primera epístola a los Tesalonicenses, capítulo 2, versículos 19-20, Pablo dice que nuestra corona, gloria y gozo son otras personas. Nuestro gozo eterno en la presencia de Jesús será el crecimiento personal y la belleza de otras personas, resultado de nuestro servicio a ellos. Si yo soy tu corona eterna, vas a querer cuidarme mucho, protegerme, limpiarme e incluso ayudarme con mis fallos. Tú eres mi recompensa y yo soy la tuya. Que Dios nos ayude a recordar eso. Amén.

Oración I

La oración es especial y corriente. El poder hablar con el Creador del Universo y saber que nos oye, se interesa por nosotros y por lo que decimos, es algo especial y maravilloso. La oración es también algo corriente porque podemos orar en cualquier momento del día o de la noche, por dos segundos o por dos minutos. Podemos orar mientras trabajamos, o durante una conversación, o mientras leemos o conducimos (mejor no cierres los ojos). La oración es corriente porque trae orden a nuestras vidas tanto en el tiempo como en la eternidad. La oración es esencial para la vida.

Oración II

La oración no es meditación, contemplación, pensamiento, imaginación, sentimiento, acción o trabajo, comunión con la naturaleza, experiencia extática o transcendental, unión con el "TODO", ritual silencioso o magia. La oración no es algo natural, sino que nos ha sido dada por Dios como parte de nuestra vida espiritual plena con Él. La oración es la comunicación personal entre una persona y otra Persona. La oración es lenguaje- directo, definitivo y comprometido. En la Biblia, el pueblo de Dios habla con Él usando el lenguaje ordinario. Dios nos habla a través de Su Palabra y de Su creación. Podemos responder hablando con Él sobre Su Palabra que nos trae vida. Vuélvete a Dios. Trae tus palabras.

Ora constantemente

¿Cómo oramos constantemente? Si estamos hablando con Dios todo el tiempo, no podemos hablar con nadie más. Quizás esta situación es parecida a lo que ocurre en la escuela o en el trabajo. No estamos hablando con el profesor o con nuestro jefe todo el tiempo, pero ellos están en la misma sala y todo lo que hacemos está relacionado de alguna manera con ellos. Ellos son nuestra referencia y guía en lo que hacemos. Dios está siempre en la sala y Él es el Jefe. Todos nuestros pensamientos, nuestras acciones e interacciones se pueden poner de acuerdo con Dios y pueden tener un significado sólido y eterno.

Ora en el Nombre de Jesús

Jesús prometió que nos daría todo aquello que pidiéramos a Dios en su nombre. "En el nombre Jesús" no es una etiqueta o una palabra mágica. Significa la naturaleza, el carácter y la voluntad de Jesús. Si pedimos cualquier cosa que imaginamos que podría ser buena y añadimos "en el nombre de Jesús" a la oración, la promesa no es válida. Orar en su Nombre significa orar por lo que Él quiere para nosotros. ¿Por qué querría Dios darnos algo que Él no quiere que tengamos? No sería una bendición para nosotros. El objetivo de la oración es la relación con Dios y el ser más como Jesús.

Orando en el Nombre de Jesús

"Nombre" no es tanto una marca, sino más bien carácter, naturaleza o reputación. El añadir el Nombre de Jesús al final de una oración como si fuera un conjuro no es incorrecto, pero puede desviarse de lo que enseña la Biblia. Cuando oramos en Su Nombre, oramos en Su carácter, los principios de Su reino y Su voluntad. Cuando oramos en Su nombre, oramos por lo que Él quiere que tengamos. De esa manera sabemos que Dios nos dará lo que hemos pedido. Necesitamos que el Espíritu Santo nos enseñe a orar.

Otros mandamientos

Deberás:
Pasarlo bien- espectáculo
Desenfrenarte
Seguir la corriente
Expresarte
Tener una buena imagen personal
Disfrutar a tope
Ser feliz
Conectarte con tus sentimientos
Ser natural

Parábola de la piel de plátano

Si me levanto tarde y voy corriendo por el andén para coger un tren hacia el aeropuerto porque voy a una misión, puedo resbalarme con una piel de plátano y romperme el tobillo. ¿Cómo se entiende esta situación? ¿La causó el pecado de levantarme tarde? ¿La causó el pecado de la persona que comió el plátano? ¿La causó el diablo para evitar que la gente fuera bendecida en la misión? ¿La causó Dios porque sabe que el tren se va a descarrilar? Todas las cosas obran para el bien de aquellos que aman a Dios. Mi problema no es entenderlo todo, sino amar al Señor y a mi prójimo.

Paz

Paz, o Shalom, no significa ausencia de conflicto. Es la base o el contexto de la realidad dado por Dios para dar significado y estabilidad en el conflicto. Si la gente ve conflicto en el contexto de la eternidad y la Verdad de Dios, su perspectiva será más realista y evitarán el prejuicio y el egoísmo. La paz debe operar en la realidad, más que en una fantasía romántica. Si los cristianos actúan sinceramente como sal y luz en el mundo, la paz amentará. Ora por la Paz de Dios (Je ru salem).

Pecado

Dios es la realidad original no creada. Todo lo creado expresa Quién es Él en su forma original. El querer cambiar la realidad para que se amolde a nuestra imaginación es pecado. Pecar es tratar de ser Dios. Dios se centra en el otro. El diablo se volvió egocéntrico, lo cual es pecado. Moisés enseñó que "no se debe robar". Jesús enseñó que "no se debe querer robar". El pecado es más una actitud que un hecho. El pecado es todo aquello que no se ajusta al carácter de Dios y a Su Palabra y todo aquello que no está motivado por el amor. La vida no es posible en realidades alternativas, por lo tanto, el resultado del pecado es la muerte.

Pentecostés I

El día de Pentecostés tiene lugar 50 días después de Semana Santa, cuando el Espíritu Santo descendió sobre los creyentes con un poder nuevo y especial para hablar a otros sobre Dios y ser entendidos en todos los idiomas. Dios es Amor. El poder del Espíritu Santo nos capacita para vivir en armonía en nuestra comunidad. Los frutos del Espíritu Santo son para servir a otros. El Espíritu es viento. El Espíritu Santo sopla sobre nosotros y dentro de nosotros para proclamar a Jesús y nos da dones con los cuales podemos bendecir a otros, particularmente en la enseñanza sobre Jesús y la salvación de Dios. Nos enseña cuánto necesitamos cambiar y ser sanados.

Pentecostés II

El Espíritu Santo es el Espíritu de Cristo, el cual viene a vivir en nosotros y produce fruto- amor, gozo, paz, paciencia, benignidad, bondad, fidelidad, mansedumbre y dominio propio. Los cristianos tienen diferentes dones especiales. Normalmente, todos los cristianos aumentan en todos los frutos. Podemos medir nuestro crecimiento como hijos de Dios por los frutos que tenemos y podemos consolarnos de que somos salvos. El Espíritu Santo nos enseña a orar y a pedirle a Dios lo que Él quiere que tengamos. Ora al Padre en el nombre del Hijo, a través del poder del Espíritu Santo. Amén.

Perdón

Perdonar significa pagar la deuda de otra persona. Una persona que nos hace daño o chismorrea de nosotros no puede pagar esa deuda. Lo único que podemos hacer es pagar nosotros mismos esa deuda, obteniéndolo del Banco de Jesús, el cual ha pagado por todos. Se dice que el perdonar es buena terapia para desatarnos de lazos negativos. El perdón cristiano no es así. No necesitamos que Jesús nos perdone para que se separe de nosotros. El perdón es para la sanidad y la restauración de las relaciones. El perdón verdadero es imposible sin fe en Dios, el cual hace posible el perdón.

Personal

Normalmente, cuando hablamos de algo personal nos referimos a nosotros mismos. Bíblicamente, incluye al otro. Dios es un Dios personal. No es una persona, sino tres. Dios es personal porque desde antes del comienzo del tiempo ya se relacionaba. La imagen de Dios es "ellos". Todo lo creado era bueno, pero no era bueno que Adán estuviera solo porque Dios no está solo. Jesús es un Salvador Personal porque es personal y nos salva, no porque yo personalmente crea en Él. Lo personal no empieza conmigo; empieza con Dios, el cual es Amor. Confía en Él.

Preocupación

Se nos manda que no nos preocupemos. Eso es difícil, porque hay muchas cosas que nos amenazan, nos estresan y nos confunden. Queremos saber el futuro y es difícil confiar en Dios acerca de lo desconocido. Cuando nos preocupamos por las cosas, a menudo pensamos que estamos siendo más responsables que cuando decimos "no" a la preocupación y confiamos en Dios. Cuando confiamos, tenemos más energía y estabilidad para ser responsables. Ser sabios significa ver la diferencia entre las cosas sobre las que podemos realmente hacer algo y aquellas sobre las que debemos confiar en Dios pasivamente. Ora por sabiduría. Dios quiere que la tengas.

Principios Bíblicos y aplicaciones

Mucha gente se pregunta si la Biblia es "relevante" hoy en día. Los principios que encontramos en la Biblia son eternamente ciertos. Las aplicaciones de esos principios son culturalmente específicas. Por ejemplo, Jesús enseñó a sus discípulos a lavarse los pies mutuamente. El principio detrás de esta acción es el servicio humilde, práctico y diario. En la mayoría de las iglesias de hoy día, el lavamiento de pies se ha reducido a una ceremonia anual, por lo cual el principio se ha perdido. Una mejor aplicación de ese principio sería "lavamiento de los platos". No deberíamos preguntar de qué manera es relevante la Biblia a nuestra cultura, sino cómo es relevante nuestra cultura a la Biblia. No ajustes la Biblia a tu vida. Ajusta tu vida a la Biblia.

Profetas, Sacerdotes y Reyes

No hay muchos cristianos que se consideren profetas, sacerdotes o reyes. Un profeta habla la Verdad de Dios; pasada, presente y futura. Un sacerdote es un constructor del puente que se conecta entre la gente y Dios a través de la oración. Un rey da órdenes y directrices y juzga lo que hay a su alrededor. Sabemos que Jesús es Profeta, Sacerdote y Rey. Cuando creemos en Jesús y somos suyos, desempeñamos esos papeles en el mundo que nos rodea: en nuestra familia, nuestras amistades, nuestro lugar de trabajo, nuestras iglesias y nuestras comunidades. Esto es lo que Dios requiere de los cristianos en el mundo.

¿Qué es el Amor?

El amor no es una emoción, un apego o un apetito. El amor no se centra en sí mismo, sino en el otro. El centro de Jesús no es Jesús, sino el Padre y el Espíritu Santo. El centro del Padre y del Espíritu Santo son las otras dos Personas de Dios. Cada Persona de Dios se da por completo a las otras dos para sostener y suministrarlas. Esto significa que cada Persona se vacía una vez y se llena dos veces, por lo que hay un crecimiento constante. El amor es una serie de elecciones y acciones responsables por las que animamos y facilitamos al amado a ser quien Dios quiere que sean.

¿Qué pasa con aquellos que nunca han oído el Evangelio?

Hay muchos cristianos que se preocupan por las personas que nunca han oído el Evangelio, leído la Biblia o conocido a un misionero. Lo mínimo que se necesita para ser salvo es saber que somos pecadores y necesitamos que Dios nos perdone y nos restaure. Dios comunica esto a todo el mundo de distintas maneras: a través de la Biblia, la conciencia, los sueños, la convicción del Espíritu Santo. La cuestión es cómo responde la gente. En Romanos 1 leemos que nadie tiene excusa. Apremia que ofrezcamos más oportunidades con el trabajo misionero, tanto cercano como lejano. Fomenta la humildad

Realidad I (Lo Auténtico)

Lo Auténtico es Quién es Dios, qué hace y qué quiere. Dios es original e infinitamente poderoso para mantener esa autenticidad y hacernos sanos y felices en ella. Si intentamos vivir en una realidad hecha por la gente, pasada o presente, imitamos a la serpiente/diablo, que se rebeló e intentó crear su propia realidad, la cual resulta en muerte. Nos sentimos atraídos por una realidad falsa porque creemos en el mito de que seremos autónomos y auténticos en ella. Que Dios nos ayude a aprender sobre la realidad en Su Palabra y nos dé la sabiduría y el poder para elegir la vida. Amén.

Realidad II (Lo Auténtico)

Lo auténtico es Quién es Dios, qué hace y qué quiere. Dios es la realidad original. Él hizo el universo, el cual también es real. Él te hizo a ti y me hizo a mí y somos auténticos en Su diseño y deseo original. Nos volvemos falsos cuando nos alejamos de Dios y reusamos aceptar la salvación y el sostenimiento de nuestra autenticidad que Él ofrece. El diablo se hizo falso a través de su rebelión e intenta atraernos hacia su falsedad. El pecado, la distorsión, la enfermedad, la separación y la muerte son falsedades que luchan contra nosotros para destruirnos. ¡Vuelve a Jesús y sé auténtico!

Sal y luz

El mundo es la sal y la luz de la Iglesia. Jesús dijo lo contrario en el Sermón del Monte. Jesús quiere que la Iglesia sea la lucidez y el sabor del mundo. A menudo es al revés. Normalmente, los valores del mundo- el éxito, la importancia, el mercado de valores, la corrección política y la aceptación social, acaparan más atención que los valores del Reino de Dios- los frutos del Espíritu y la fidelidad a Su Palabra. Los cristianos deberían ser auténticos y diferentes en la cultura que crean, no tan sólo seguir y copiar lo que hace el mundo.

Sanidad

La sanidad es una característica del cristianismo que encontramos en la Biblia y a través de la historia de la Iglesia. Todos estamos quebrantados y enfermos y Dios quiere sanar nuestros cuerpos, nuestras emociones, nuestras mentes y nuestras actitudes. La sanidad física es parte de la sanidad total que tendrá lugar cuando Jesús vuelva. Si se sana nuestro cuerpo, pero no nuestro corazón, perdemos. Si se sana nuestro corazón, pero no nuestro cuerpo, ganamos. La sanidad física es un remiendo porque todos vamos a morir algún día. La sanidad de nuestro corazón es permanente y eterna.

Seguridad

Dios es amor. Dios es tres Personas. Dios ha creado todo lo que existe. El fundamento del universo no es ni la materia ni la energía, sino el amor. Dios te ama. Si recibes el amor de Dios y permaneces en él, estás guardado y sostenido en los brazos del creador del universo.-Cualquier otra "seguridad" es temporal e incompleta. En este mundo perdido nos ocurren muchas cosas negativas- accidentes, enfermedades, persecución, desempleo, separación y, por último, la muerte. Ninguna de esas cosas nos hará sentir verdaderamente inseguros si pertenecemos a Dios. ¡Recibe el amor de Dios y confía en el!

Sólo Dios es Dios y Dios no está solo

Esto es sólo verdadero para el Dios de la Biblia. El Buda es sólo Buda… Krishna sólo es Krishna… Alá es sólo Alá…Todos están solos en el principio. El Dios cristiano es auténticamente un Dios de amor y de relaciones porque Él es tres Personas eternamente. Dios es tres Personas. El diablo es una persona. Tres personas están centradas en las otras, no en sí mismas. Una persona que está sola, por necesidad, se centra en sí misma ya que no hay otra. Una persona sola se desploma y muere. Tres personas viven y resplandecen. Escoge al Dios vivo de la Biblia para amar el resto de tu vida.

Soltería

El plan de Dios o el programa por defecto para los humanos incluye el matrimonio, los hijos, el trabajo productivo y creativo y un cuerpo y una mente sanos. Ninguno de nosotros encaja en ese patrón perfectamente. Dios nos invita a vivir con nuestras limitaciones, aunque no son parte de su idea original. Todos tenemos necesidades especiales. Nuestras necesidades se satisfacen completamente sólo en Jesús. También debemos reconocer las debilidades que tenemos todos y orar y hacer todo lo posible por mejorarlas. No conocemos la magnitud de la falta de realización de los demás, pero debemos hacer lo que podamos para ayudarles.

Teología

La Teología es el estudio de Dios. Necesitamos que los teólogos estudien, interpreten y apliquen la Palabra de Dios para que sepamos cómo vivir en Su Reino. A menudo, la teología se convierte en el estudio de otros teólogos. A veces se desconecta académicamente de la vida cotidiana. Dios es Amor. Si el estudio de la teología no conduce a amar más a Dios y a la gente, ha perdido su propósito. El propósito y enfoque de los estudios teológicos deben siempre ser el amor a Dios y a nuestro prójimo.

Tiempo y Eternidad

Una matriz es una atmósfera en la cual ocurren cosas. El agua es la matriz del té, el aire es la matriz del sonido y el ciberespacio es la matriz de los emails. La matriz de las cosas que ocurren en el espacio es el tiempo. La matriz de las cosas que tienen lugar fuera del espacio es la eternidad. La eternidad no es tiempo infinito. Es una matriz diferente. Cada punto del tiempo está presente a cada punto de la eternidad. Esta es la razón de que la profecía sea posible. Podemos conectar con la eternidad a través de la oración y de otras maneras. Cuando Jesús vuelva, el tiempo y la eternidad se combinarán en el Reino de Dios en la nueva tierra. Que Dios nos ayude a ver las cosas desde Su perspectiva de la eternidad. Amén.

Toma tu cruz

Jesús dijo: "Todo el que quiera ser mi discípulo debe negarse a sí mismo, tomar su cruz cada día y seguirme". Jesús tomó Su Cruz, la cual era la carga de los pecados de otros. Nuestra cruz no es algo que nos ocurre a nosotros, es algo que decidimos hacer para llevar el peso de otros. No somos víctimas de nuestra cruz, somos agentes de cambio porque tomamos nuestra cruz. Nuestra cruz no es la enfermedad, o la pérdida del trabajo o un terremoto. Dios nos da nuestra cruz en forma de personas y situaciones que encontramos. Tómala.

Tradiciones

Las tradiciones son esenciales para recordar la historia de salvación de Dios y para el momento actual. Las expresiones culturales y artísticas hallan su lugar en identificarnos con el paso de la historia, que es más largo que nuestras tradiciones. Si las tradiciones ocupan el primer lugar en nuestros corazones, puede que reemplacen el amor a Dios y a nuestro prójimo y se conviertan en ídolos. El Espíritu Santo nos puede ayudar a amar y a beneficiarnos de nuestras tradiciones sin necesidad de adorarlas o de despreciar a otros. Las tradiciones deberían servir a Cristo y a Su amor por todo el mundo. Cristo no está restringido a nuestras tradiciones. Humillémonos para que nuestros corazones y nuestras mentes sean guardados en Jesucristo nuestro Señor.

Tus necesidades

Muchos pastores han sido enseñados a predicar sobre las necesidades que tiene la gente. Sus sermones son más populares si hacen eso. ¿Deberíamos esperar que los sentimientos de la gente correspondan con lo que realmente necesitan en el Reino de Dios? ¿O deberíamos buscar en la Biblia las cosas que Dios dice que necesitamos? El primer enfoque es lo natural. El segundo es el enfoque espiritual. No necesitamos un Jesús hecho a nuestra medida. Necesitamos ser hechos a la medida de Jesús. Señor, ayúdanos a querer lo que Tú quieres. Amen.

Un tiempo, y tiempos, y la mitad de un tiempo

En el libro del Apocalipsis, capítulo 12 y versículo 14, leemos que la Iglesia huye al desierto, donde es cuidada por un tiempo, y tiempos y la mitad de un tiempo. Esto suma tres y medio, que es la mitad de siete. El número siete significa perfecto o completo en el simbolismo Bíblico. Juan escribió el Apocalipsis poco después de la crucifixión de Jesús. ¿Significa eso que la mitad de la historia de la humanidad ocurrió antes de Jesús y la otra mitad ocurrirá después? ¿Vino Jesús a morir por el mundo justo en medio de la historia de la humanidad? Jesús es el centro de todas las cosas.

Vasos de agua fresca

Cuando damos un vaso de agua fresca a un pequeño en el nombre de Jesús, recibimos recompensa. Siempre estamos rodeados de pequeños, sobre todo cuando la gente está sola y sus vidas han menguado. Hay muchos tipos de vasos de agua fresca: un email, una llamada telefónica, una palabra de aliento, hacer la compra, una visita o ayudar con las finanzas para tener más control en tiempos de inseguridad. El Señor te mostrará qué tipo de vasos de agua puedes dar. Reparte los más posibles con gozo y así estarás invirtiendo en tu tesoro y tu corona eternos. Siempre te alegrarás de ello.

Veganismo

La idea principal del veganismo es la oposición a la mercantilización de los animales: la gente no debería poseer, explotar, comprar o vender animales. Vivir de esa manera sólo es posible con el apoyo de la tecnología moderna de transporte, agricultura y tejidos sintéticos para la ropa. La dieta vegana forma parte de esa imagen. El veganismo excluye poseer animales domésticos. La gran cuestión sería si los humanos son responsables de organizar a los otros animales, como enseña la Biblia, o si los humanos deberían vivir como animales vegetarianos, sin usar animales para ayudar a la civilización. Para poder llegar a una respuesta, es importante saber si la naturaleza es perfecta o si está quebrantada.

Verdad y Significado

La verdad no es semejante a los hechos. La verdad son los hechos más el significado. El significado implica relaciones, por lo que nada ni nadie tiene significado en sí mismo. Cualquier cosa que sólo tiene como referente a sí mismo no tiene significado. El significado del color rojo no está en el color rojo, sino en su relación con el color azul, el verde, el marrón, etc. El significado de Adán en la creación estaba, inequívocamente, no en sí mismo (no es bueno que el hombre esté solo), sino en su relación con Dios y con Eva. El significado de Jesús no está en Jesús, sino en su relación con el Padre y con el Espíritu Santo. La verdad es relacional.

Vida abundante

Si le preguntaras a 10 personas escogidas al azar si sus vidas se enriquecerían o empobrecerían si se convirtieran al cristianismo, ¿qué crees que dirían? Hay cristianos que piensan que pueden vivir una vida pura si evitan la mayoría de la literatura, la música y el cine. Eso es exactamente lo que hacía el apóstol Pablo cuando era legalista. Cuando se convirtió al cristianismo, fue libre para leer y memorizar los poetas griegos paganos e incluso mencionó un himno a Zeus en su sermón en Atenas (Hechos 17). Que Dios nos ayude a amar a nuestro prójimo y que conozcamos lo que piensan y sienten. Amén.

Vida victoriosa

A veces nos sentimos frustrados y desilusionados porque no conseguimos superar ciertos malos hábitos de conducta o actitud. Nos alarmamos porque no crecemos ni en santidad ni en victoria. La fuente real de nuestra salvación no está en nuestros esfuerzos, sino en la gracia de Dios en Jesucristo. A menudo, Dios está trabajando en nuestras vidas de formas que no podemos ver. Comprueba tu crecimiento en los frutos del Espíritu. Cuando veas que tu amor, tu gozo, tu paz, tu paciencia, tu amabilidad, tu bondad, tu fe, tu mansedumbre y tu auto control están creciendo, entonces sabrás que Dios está trabajando en ti y te animarás a esforzarte.

Victoria en las crisis

En el año 2020 nos estamos dando cuenta de la necesidad que tenemos de que Dios nos proteja y nos sane del coronavirus y de los efectos secundarios sociales y económicos. Traigamos a Dios nuestras otras áreas que necesitan protección y sanidad: nuestra tendencia a preocuparnos, nuestros miedos infundados, nuestras actitudes de prejuicio y reproche, dando interpretaciones negativas o paranoicas a cosas que dice o hace la gente, siendo parte del problema en vez de parte de la solución. Si somos capaces de cambiar y ser curados de estos problemas, este tiempo de coronavirus será un tiempo de victoria en nuestras vidas y en nuestras relaciones.

Visión clara

En Mateo 6:19-24, Jesús dio dos ejemplos de una realidad divida: acumular tesoros en la tierra o en el cielo y servir a dos señores: a Dios o al dinero. La solución al problema se encuentra entre estos dos ejemplos. Si tu visión es clara, si eres capaz de ver la realidad como un todo, arraigada en el poder de la Palabra de Jesús, en vez de dividida, estarás lleno de luz. Si tu ojo es malo, verás la realidad dividida y en conflicto. Que Dios nos ayude a ver la realidad unificada en Su verdad y en Su amor. Amén.